Jules Simon

Le Travail organisé et le Travail libre

essai

ISBN : 978-1523302260

10 9 8 7 6 5 4 3 2 1

Jules Simon

Le Travail organisé et le Travail libre

essai

Table de Matières

Introduction

Nous avons vu émettre, il y a quelques années, bien des projets pour changer le sort des ouvriers. Aucun n'a abouti. On n'a rien fait parce qu'on a voulu trop faire, et parce qu'on a cru pouvoir improviser dans une matière très difficile. Pour faire réellement du bien aux ouvriers, il ne faut pas étudier les réformes en pleine révolution ; la peur et la colère conseillent mal. C'est dans le calme, dans la profonde paix, quand le pesant marteau des usines résonne sans relâche, quand les manufactures regorgent de commandes, et que le public commence à perdre tout doucement le souvenir des clubs et de leurs bruyantes manifestations, c'est alors que les philosophes, sans autre passion que celle de l'humanité, doivent examiner les intérêts et peser les droits de ces milliers de travailleurs dont la vie s'écoule devant un établi, et qui, malgré leur activité et leur énergie, ne sont jamais sûrs du lendemain. Les ouvriers, surtout si l'on comprend dans le nombre les ouvriers agricoles, forment les plus gros bataillons, et tant que ces masses profondes de paysans et d'artisans n'auront pas leur part légitime de bien-être, le reste de la société ne peut compter sur une tranquillité durable. Tout se réunit donc, l'intérêt et le devoir, pour attirer l'attention des penseurs sur cette question vitale.

Il n'est pas un homme de cœur qui n'éprouve pour l'ouvrier une sympathie profonde ; mais cette sympathie doit être exempte de faiblesse, et surtout elle ne doit pas se tromper d'objet. Il ne s'agit pas de s'apitoyer sur l'obligation du travail, ni d'exagérer les fatigues et les privations de l'atelier. Le travail est la loi commune pour tous les membres de la société humaine, et au fond c'est une loi douce, car le poids de l'oisiveté est plus lourd que celui de la fatigue. Ceux-ci creusent la terre, frappent le fer sur l'enclume, et d'autres alignent des chiffres, pâlissent sur des problèmes. Le pupitre de l'homme de lettres a ses tortures comme l'établi. Il ne faut pas juger la fatigue d'un ouvrier exercé et robuste par nos corps énervés et nos habitudes efféminées. Il ne faut pas non plus lui attribuer ces besoins de l'imagination que l'étude seule développe, et qui, même chez l'homme de cabinet, sont quelquefois maladifs. Les ouvriers qui peuvent arriver à produire mieux ou plus vite que leurs concurrents, ceux surtout qui ont échappé à l'excessive division du travail, qui font des ouvrages d'ensemble, ont des occupations suffisamment attrayantes. S'il y a encore des industries qui rémunèrent trop peu le travail, si surtout, ce qui est déplorable, la main-d'œuvre des femmes est partout mal dirigée et mal rétribuée, il faut reconnaître pourtant qu'il existe une tendance générale à la hausse des salaires. À mon avis, le mal, non pas tout le mal, mais le grand mal, est dans l'insuffisance de l'éducation et dans l'absence de sécurité pour la vieillesse. Quand les ouvriers auront de bonnes écoles primaires et de bonnes écoles professionnelles, quand il leur sera possible d'y conduire assidûment leurs enfants, et quand le pain de leurs vieux jours sera assuré, je cesserai de les plaindre. En sommes-nous là ? Admettons que les trois ou quatre francs par jour que gagne un bon ouvrier lui donnent, pour lui, pour sa femme et pour ses enfants, une nourriture suffisante, un abri, des vêtements convenables : peut-il conduire ses enfants, sans tirer aucune ressource de leur travail, jusqu'à dix-huit ou vingt ans ? Peut-il les assurer contre la conscription ? Peut-il exempter sa femme de la servitude des manufactures ? Peut-il affronter un chômage de quelques jours ? Peut-il enfin compter, pour sa femme et pour lui, sur une vieillesse indépendante ?

Nous voyons, grâce à Dieu, que les écoles primaires gratuites sont répandues sur tout le territoire ; mais les écoles professionnelles n'existent pas : ce n'est pas avoir d'écoles professionnelles que d'en avoir une demi-douzaine pour trente-six millions d'habitants. Même pour l'école primaire, elle a beau ne rien coûter, l'enfant coûte : il faut le nourrir et le vêtir, charge presque impossible pour un grand nombre de familles. C'est la première plaie, et la plus grande. On met un enfant en bas âge dans un atelier, où il n'apprend rien, pas même son état, ou, s'il l'apprend, il l'apprend mal : ce sera plus tard un ouvrier routinier, sans culture, sans ressort, ou, moins que cela, un homme de peine. La mère, pendant ce temps-là, déserte la modeste chambre, et va louer ses bras pour un salaire dérisoire, de sorte qu'il n'y a plus de famille. À vingt ans, le jeune ouvrier, apprenti émancipé de la veille, peut être enlevé par le sort et passer cinq ans sous le drapeau. Que devient-il au retour ? Son apprentissage est perdu. S'il ne peut recommencer, et il ne le peut jamais, faute d'argent, d'ouvrier il devient manœuvre. Puis le jour arrive où le père n'a plus la force de lever son marteau, où ses yeux ne peuvent plus guider sa main : il faut qu'il tombe alors à la charge de son fils, ou qu'il entre dans un hospice, ou qu'il compte, triste épave de la société, sur la charité publique.

Ne méconnaissons pas ce qui s'est fait de bien depuis un quart de siècle. La loi de 1833 sur les écoles primaires est certainement un des plus grands services qu'aucun gouvernement ait jamais été appelé à rendre aux ouvriers. On s'occupe activement du remplacement militaire, dont une loi récente est loin d'être le dernier mot ; on trouvera, il faut l'espérer, une organisation qui, en multipliant les vétérances, rendra l'exonération de plus en plus facile et fréquente. Les caisses de crédit, pourvu qu'on ne les détourne pas de leur but, la caisse de retraite pour la vieillesse, doivent être aussi considérées comme des institutions fécondes. Le mouvement est donné aux écoles professionnelles, et l'on peut compter raisonnablement sur de rapides progrès de ce côté. Cependant, pour que tous ces moyens secondaires soient efficaces, pour que tous ces rouages puissent se mouvoir, il faut que l'épargne soit possible, par conséquent que le salaire dépasse le niveau des besoins journaliers, et que le chômage diminue. C'est là la vraie, la capitale réforme, sans laquelle les autres ne sont rien.

Or, pour y arriver, où faut-il porter le remède ? Sur les conditions générales de l'industrie. Pour que l'ouvrier ne chôme pas, il faut que le chef d'industrie ne soit pas réduit à chômer ; pour que l'ouvrier soit bien payé, il faut que le chef d'industrie puisse soutenir la concurrence sans se rabattre sur le prix de la main-d'œuvre. C'est donc en favorisant le commerce qu'on favorise l'ouvrier. L'argent vient de haut en bas, et parmi les moyens de favoriser le commerce, les deux premiers sont ceux-ci : la sécurité, la liberté.

Je ne parle pas de cette sorte de sécurité qui résulte de la bonne politique et de la solide assiette du gouvernement. Il va sans dire que, pour que l'argent se montre, pour qu'il y ait du crédit et par conséquent du travail, il faut qu'on se croie pour un temps raisonnable à l'abri des agitations politiques. Je parle ici d'une sécurité d'une autre nature, que tout gouvernement peut donner, simplement en se renfermant dans son rôle essentiel, qui consiste à respecter et à défendre la liberté du travail. Les gouvernements tracassiers, qui, même avec des intentions droites, imposent à l'industrie leurs vues ou celles de leurs agents, n'arrivent, par l'excès de leurs précautions, qu'à entraver les affaires qu'ils voudraient faciliter, parce qu'il est de règle générale qu'on n'affronte pas la responsabilité sans autorité, c'est-à-dire ici sans liberté. Le commerçant veut être sûr avant tout qu'on ne tarifera pas ses produits, qu'on n'en défendra pas l'exportation, qu'on ne lui imposera aucune méthode, qu'on n'interviendra pas dans les arrangements qu'il conclut avec ses clients et ses ouvriers. Entreprendre, c'est oser, et il n'y a que le sentiment de la liberté qui donne de l'audace.

Quand les ouvriers veulent faire leurs affaires eux-mêmes, porter remède eux-mêmes aux inconvénients de leur situation, ils font ordinairement tout le contraire de ce qu'il faudrait, c'est-à-dire qu'au lieu de donner de la sécurité au commerce, ils l'effraient, et qu'au lieu de lui donner de la liberté, ils lui imposent des règlements. Ils appellent cela organiser le travail, opération qu'on pourrait définir ainsi : la règle substituée à la liberté dans toutes les questions qui concernent l'industrie et le commerce. Pour qu'un système fondé sur ce principe pût être bon, il ne faudrait rien moins que les trois conditions suivantes : 1° que la règle prévît toutes les fluctuations possibles du marché, 2° que la privation de la liberté dans les transactions ne fût pas par elle-même une souffrance très réelle, souffrance dont l'intensité augmente en raison directe de la moralité et de la capacité de celui qui la subit, 3° que les patrons fussent tous millionnaires, capables de supporter toutes les concurrences sans demander aucun sacrifice à la main-d'œuvre, et profondément indifférents sur le chapitre des profits et pertes. Quand ces trois conditions seront remplies, l'amélioration du sort des travailleurs par l'organisation du travail cessera d'être une utopie.

Ces vérités paraissent si évidentes à ceux qui les admettent, qu'on est toujours surpris des contradictions qu'elles soulèvent. Cependant il faut bien avouer qu'elles ont été ignorées pendant des siècles, qu'elles trouvent à l'heure qu'il est beaucoup d'incrédules, et que la liberté, partout si méconnue, l'est peut-être encore plus dans les ateliers qu'ailleurs. Le premier mot des ouvriers, quand par hasard ils sont un moment les maîtres, est toujours celui-ci : réglementation. Et cela fait penser malgré soi à la femme de Sganarelle, qui voulait être battue.

D'où leur vient cette passion d'être toujours gouvernés, dominés, réglementés ? Il ne manque pas dans nos ateliers d'intelligences très saines et très ouvertes, et qui sont d'autant plus capables, je dirai presque d'autant plus dignes de comprendre et d'aimer la liberté, qu'étant sans cesse aux prises avec les dures nécessités de la vie, elles semblent faites tout exprès pour dédaigner les théories chimériques, pour s'attacher fortement aux mâles et solides doctrines qui reposent sur des faits, et ont pour but l'emploi intelligent des forces humaines. Peut-être a-t-on jusqu'ici trop parlé aux ouvriers de ce qu'ils souffrent, et pas assez de ce qu'ils peuvent. Ils brisent le joug d'un règlement dans les moments de révolution, ce n'est souvent que de la colère ; ils s'en forgent aussitôt un autre, c'est à coup sûr de la faiblesse. La raison veut que le travail soit libre pour être glorieux et fécond. Il faut porter jusque dans les ateliers le langage de la raison et la propagande de la liberté. Il doit être facile d'enseigner à un homme dont le bras ne se repose jamais à ne compter que sur soi. C'est par l'histoire qu'il faut prouver aux ouvriers à quel point un protecteur ressemble à un maître. Une fois que cette vérité sera bien comprise, bien des causes de trouble disparaîtront, et cette sécurité qu'il importe de rendre au commerce sera garantie.

Parmi les ouvrages récemment publiés sur cette question capitale, il en est trois qui méritent une attention particulière. M. Al. Compagnon, ancien tapissier, si je ne me trompe, et depuis juge au tribunal de commerce de la Seine ; M. A. Corbon, qui est aujourd'hui sculpteur sur bois après avoir été ouvrier compositeur, ont écrit, à des points de vue fort différents, deux livres pleins de bonnes observations, et qui se recommandent par des sentiments élevés et fraternels. M. Compagnon se préoccupe surtout de l'organisation des syndicats et des caisses de mutualité ; ses conclusions sont toutes en faveur du principe de la réglementation. M. A. Corbon, homme pratique, mais esprit ouvert, dont les aspirations sainement libérales se font jour à chaque page de son substantiel mémoire, s'est volontairement circonscrit dans la question de l'enseignement professionnel et de l'apprentissage. Enfin un jeune historien sorti de l'École normale, M. E. Levasseur, dans un savant livre couronné, par l'Académie des Sciences morales et politiques, a jeté de vives lumières sur la question des réformes industrielles, en étudiant dans le passé la seule organisation praticable du travail, c'est-à-dire le régime des corporations. Cette organisation est peut-être la meilleure de toutes, et pourtant, ce qui prouve qu'en cette matière aucune organisation ne vaut rien, il n'est personne qui ne convienne, après l'avoir étudiée, qu'elle semble faite tout exprès pour rendre les ouvriers malheureux et l'industrie impuissante.

Du tableau tracé par M. Levasseur, il résulte que depuis la conquête de Jules-César jusqu'à la révolution, l'industrie a été réglementée à outrance : on n'accusera pas l'expérience d'être insuffisante. Pendant cette longue période, qui embrasse à vrai dire toute notre histoire, car la révolution, c'est nous-mêmes, c'est l'âge présent, nous sommes les contemporains de Turgot, pendant cette période de vingt siècles, personne en France n'a été maître de ses inventions, de ses bras et de son argent. Pour comprendre sans plus de raisonnement la puissance créatrice de la liberté, il n'y a qu'à comparer ce que la servitude avait fait en vingt siècles et ce que la liberté a fait en soixante ans, au milieu des plus grandes guerres civiles et des plus grandes guerres internationales dont le monde ait gardé le souvenir. Encore la liberté n'a-t-elle pas été jusqu'à ce jour complètement expérimentée. La France en a peur. Après l'avoir revendiquée dans les premières heures de la révolution avec une énergie indomptable, elle n'est occupée depuis lors qu'à restaurer timidement et sous des noms nouveaux les maîtrises, les traites foraines, les aides, les gabelles et même les corvées. Cette liberté boiteuse enfante des miracles : que serait-ce si nous savions oser ?

Partie I

Tout le monde sait que les jurandes et maîtrises ont été abolies une première fois par Turgot en 1776, rétablies quelques mois après et détruites définitivement par l'assemblée constituante ; mais on ne sait pas aussi communément à quelle antiquité remontent ces corporations, qui ont été si funestes aux progrès de l'industrie. Elles n'ont pas pris naissance au moyen âge, comme il serait assez naturel de le croire. Jules-César les apporta en Gaule avec la civilisation romaine, et leur existence se trouve déjà consacrée par la loi des douze tables, à laquelle elles sont fort antérieures. Il y avait sous l'empire romain trois sortes d'ouvriers : d'abord les ouvriers de l'état, dont le plus grand nombre étaient esclaves, puis les ouvriers qui concouraient à l'alimentation publique, et enfin toutes les autres corporations, qui pouvaient paraître relativement libres.

Les ouvriers de l'état travaillaient aux mines, aux carrières, aux salines ; ils fabriquaient les armes, les monnaies, construisaient les édifices publics ; ils portaient les dépêches, les munitions de guerre et les approvisionnements des légions. On comptait parmi eux des condamnés chargés de lourdes chaînes, des esclaves en grand nombre, des affranchis et des hommes libres qui, pour échapper à la misère, s'astreignaient volontairement à cette servitude. Une fois engagés, l'état ne les lâchait plus. On les marquait sur la main avec un fer chaud ; on les obligeait de se marier dans leur classe. S'ils n'avaient pas d'enfants, la communauté héritait de leur avoir. Les ouvriers ainsi traités n'étaient plus des citoyens, et il était tout naturel qu'ils fussent exclus de la participation aux honneurs publics et exemptés de la milice.

Les professions nécessaires à la subsistance du peuple et soumises en conséquence à un régime spécial se divisaient en quatre classes, les boulangers, les bouchers et deux professions auxiliaires, les naviculaires, qui transportaient les grains, et les caudicaires, qui tenaient le milieu entre les déchargeurs de blé et les portefaix. Comme les empereurs nourrissaient gratis la populace romaine, ils frappaient l'Italie d'un impôt en nature que les bouchers et les boulangers étaient chargés de percevoir, et dont ils distribuaient ensuite le produit sous le nom peu mérité de largesses impériales. Les patrons de ces corporations étaient donc des espèces d'officiers publics, odieux comme exacteurs, ignobles comme ouvriers, car la Rome républicaine et la Rome impériale ne surent jamais honorer le travail. Quelques-uns parmi ces chefs de corps pouvaient acquérir certaines dignités et rentrer par cette voie dans la société civile, mais l'immense majorité demeurait exclue de tous les honneurs et attachée héréditairement à la profession. S'ils se mariaient hors de leur caste, la femme suivait la profession du mari ; s'ils n'avaient pas d'enfants, leurs biens restaient dévolus à la communauté.

En dehors de ces quatre professions et des manufactures de l'état, les ouvriers étaient censés libres. Cependant, pour avoir le droit d'exercer un métier, il fallait appartenir à la corporation qui en avait le privilège. On entrait dans la corporation par l'apprentissage ; une fois affilié, on ne pouvait plus sortir. Les rares exceptions à cette règle portaient sur de riches patrons, véritables négociants qui faisaient travailler de nombreux ateliers et ne travaillaient pas eux-mêmes ; quant aux ouvriers proprement dits, ils restaient ouvriers jusqu'à la mort, et ouvriers du même corps d'état, car le passage d'un métier à un autre était, sinon impossible, au moins très difficile. Ils étaient astreints à des règlements très multipliés, faits dans l'origine par la corporation elle-même, mais révisés depuis et aggravés par les empereurs, dont le despotisme s'étendait à tous les détails, surtout depuis Alexandre-Sévère. Le taux des salaires fut fixé, un tarif fréquemment renouvelé indiqua pour chaque produit le maximum et le minimum de la vente. Les infractions furent réprimées par une pénalité hors de proportion avec les délits, selon la coutume des gouvernements en décadence, qui deviennent volontiers cruels. Les exigences du fisc prirent sous les derniers empereurs des proportions énormes ; le commerce aurait succombé sous ce fardeau, s'il n'avait pas été en même temps sapé de tous côtés par mille causes de ruine. Outre le droit d'entrée, les annuités, les frais de banquet et de culte, il fallut payer l'impôt écrasant du *chrysargyre*, inventé par Constantin : c'était une taxe proportionnelle aux bénéfices, qui s'acquittait en une fois tous les quatre ans. Toute profession lucrative la devait, même les prêteurs sur gage et les prostituées. Le désir d'échapper aux corvées et à la milice et la nécessité de gagner sa vie dans un temps de ruine universelle auraient à peine suffi pour peupler les ateliers, sans les dures lois qui rendaient les professions héréditaires.

Telle était donc, sous les empereurs romains, la triste condition des classes ouvrières en Gaule. Ce n'était pas l'esclavage proprement dit, et même le nombre des esclaves diminuait de jour en jour depuis que la guerre n'en fournissait plus ; c'était cependant une servitude très effective. Dans les derniers temps surtout, quand l'empire se précipitait vers sa ruine et qu'il n'y avait plus ni sécurité dans les transactions, ni police dans l'état, les professions, industrielles étaient tombées si bas qu'elles ne livraient plus à la consommation que des produits grossiers et en petit nombre, et que les fabricants, patrons et ouvriers, écrasés par les impôts, enlacés dans les mille liens d'une législation minutieuse et vexatoire, ne continuaient à travailler que sous le coup des amendes et des punitions corporelles. Il va sans dire que la situation ne s'améliora pas à la suite de l'invasion germaine. Les Romains appauvris et démoralisés, les indigènes réduits en servage, les vainqueurs barbares vivant de rapines dans leurs forteresses, oublièrent rapidement non-seulement les arts, mais les procédés matériels des industries les plus vulgaires.

M. Levasseur divise en six périodes l'histoire des classes ouvrières à partir de l'invasion germaine. Il y a d'abord la période de l'invasion, qui s'étend jusqu'au Xe siècle, et pendant laquelle les ouvriers libres disparurent presque entièrement entre les serfs, qui suffisaient à tous les besoins de leurs seigneurs, et les moines, qui seuls travaillaient avec quelque intelligence, et dont les produits accaparaient le marché. Vient ensuite l'époque de la féodalité et des croisades, du Xe au XIVe siècle. C'est le moment où les corporations se reconstituent presque toutes sur les données de la corporation romaine, mais avec une certaine autonomie, et dans un esprit de résistance contre le despotisme des seigneurs. La guerre de cent ans forme une troisième période, signalée par une décadence et une détresse générales. Les arts et l'industrie renaissent au XVIe siècle, pour être bientôt étouffés par les désastres de la ligue. La cinquième période embrasse les règnes de Henri IV, Louis XIII et Louis XIV, et la sixième enfin nous conduit de la mort de Louis XIV en 1715 jusqu'à la convocation des états-généraux en 1789.

Cette division est bien justifiée par les caractères généraux de chaque époque, et M. Levasseur montre à merveille comment les mouvements politiques, entraînant l'industrie à leur suite, tantôt lui faisaient faire des progrès rapides, et tantôt la ramenaient comme d'un seul bond à un siècle de distance. Pour nous, qui n'avons pas à entrer dans ces fluctuations et qui, laissant de côté les ingénieuses conjectures de l'auteur sur les développements progressifs de l'industrie, ne considérons dans son ouvrage que la partie vraiment scientifique, celle qui s'appuie sur des documents nombreux et certains, c'est-à-dire l'histoire de la législation, nous diviserons seulement toute cette histoire en deux périodes : les corporations relativement maîtresses d'elles-mêmes au XIIe siècle, et les corporations soumises pieds et poings liés au pouvoir royal, à partir de la constitution définitive de la monarchie. L'histoire des classes ouvrières faite à ce point de vue est l'histoire de la servitude. C'est une histoire longue et compliquée. Celle de la liberté tiendrait en deux lignes, car la liberté du travail n'a duré qu'une heure, et aujourd'hui même, après soixante-dix ans de révolution, peu d'esprits ont assez de fermeté pour la comprendre, et de résolution pour la demander.

La première remarque à faire, c'est qu'il y a peu de différences et beaucoup d'analogies entre les règlements du XVIIIe siècle et ceux du XIIe siècle, entre ceux du XIIe siècle et ceux des corporations romaines sous les empereurs. Cette réglementation de l'industrie a pu se conserver sans trop de changements pendant un espace de vingt siècles, parce qu'au lieu de prendre souci des progrès de l'activité humaine, elle n'a jamais eu d'autre but que de sauvegarder des intérêts égoïstes.

On entend souvent répéter que l'établissement de corporations nouvelles au XIIe siècle et la réorganisation des corporations anciennes qui avaient subsisté dans le pays malgré l'invasion germaine ont été malgré tout utiles à la cause de la civilisation et de la liberté. Il est très vrai que, dans les siècles à demi barbares où les seigneurs, vivant dans leurs forteresses comme des loups dans leurs tanières, et ne connaissant d'autre droit que celui de la force, contraignaient les lides, les colons et ceux que par un triste abus du langage on appelait encore les hommes libres, à travailler pour eux sans aucune rémunération et sous le nerf d'un intendant, il n'y avait en réalité ni industrie, ni commerce, ni propriété, ni vie privée, ni possession de soi-même. Toutefois, de ce que le rétablissement des maîtrises a coïncidé avec une sorte de recrudescence de l'industrie, il n'en résulte pas le moins du monde qu'on soit en droit d'attribuer ces quelques indices de prospérité renaissante à l'embrigadement des ouvriers sous une multitude de lois préventives et sous des maîtres privilégiés. Je regarderais bien plutôt cet esprit de monopole, signe distinctif des corporations, comme aussi funeste en tout temps à l'indépendance des ouvriers qu'aux progrès de l'industrie. En examinant les règlements avec quelque attention, on voit partout l'effort des patrons pour concentrer le commerce et l'industrie dans leurs mains, et nulle part une résistance organisée contre le despotisme des seigneurs. Sans doute il y a dans toute association une force en quelque sorte naturelle, et les petits ne peuvent lutter contre les grands qu'à la condition de se serrer épaule contre épaule ; mais c'est dans la commune, et non dans la corporation, qu'il faut chercher la pensée d'affranchissement. Le caractère de toutes les chartes communales est d'armer le tiers contre les nobles, et le caractère de toutes les maîtrises est de protéger les maîtres établis contre les ouvriers étrangers, et même contre les apprentis. Ce n'est donc pas assez de dire comme la plupart des historiens que ces institutions jalouses sont devenues promptement un obstacle : elles l'ont été dès le premier jour. Une association qui a pour but la résistance est nécessairement compréhensive ; elle appelle à soi tout le monde, et n'a jamais à son gré assez d'adhérents, parce que c'est le nombre qui fait sa force. Au contraire, tous les règlements de maîtrises ont pour principe et pour caractère l'exclusion.

D'abord, pour devenir ouvrier ou maître, il fallait nécessairement passer par l'apprentissage ; ce n'est que beaucoup plus tard, quand les rois firent du trafic des brevets de maîtrise une des branches de leur revenu, qu'on inventa « les maîtres sans qualité, » c'est-à-dire les maîtres qui n'avaient pas été apprentis. On voit qu'il suffisait, pour fermer la carrière et pour transformer l'exercice de la profession en monopole, de rendre rare et difficile l'accession à l'apprentissage. De là les précautions minutieuses qu'on retrouve dans tous les règlements pour diminuer le nombre des apprentis et pour rendre l'apprentissage également long, difficile et onéreux. De toutes les corporations existantes au XIVe siècle, neuf seulement avaient le droit de prendre un nombre illimité d'apprentis ; les fileuses de soie, les tisserands de Saint-Denis pouvaient en avoir trois ; les foulons, les merciers, les couteliers de lames et les couteliers de manches, une des trois corporations de patenôtriers, pouvaient en avoir deux ; partout ailleurs il n'y en avait qu'un seul. Les places d'apprentis étaient donc très recherchées, très difficiles à obtenir ; elles étaient elles-mêmes un commencement de privilège. M. Levasseur remarque qu'il y avait quelques exceptions, et qu'on pouvait prendre un apprenti de plus quand la femme et le fils aîné savaient le métier, ou même, dans certaines corporations, à la seule condition d'engager en même temps que l'apprenti un nouvel ouvrier pour le surveiller et l'instruire. Il en conclut que la considération de l'intérêt des apprentis était entrée pour quelque chose dans la limitation de leur nombre. J'ai quelque peine à y consentir. S'il faut prendre un ouvrier de plus, cette ressource n'est à la portée que des plus riches patrons ; si la femme et le fils aîné savent le métier, et par conséquent l'exercent, ils ont besoin d'un aide : l'exception est dans leur intérêt. L'extrême limitation du nombre des apprentis, limitant du même coup le nombre des ouvriers, réduisait les patrons à n'avoir qu'une boutique au lieu d'une manufacture ; c'était là une rude condition : les riches faisaient très naturellement des efforts pour y échapper. D'ailleurs, si les règlements avaient eu ces préoccupations paternelles que leur prête un peu trop libéralement l'historien des classes ouvrières, on y lirait la stipulation des devoirs du maître, ce qui manque presque complètement et presque partout ; car il est constant que l'enfant, une fois livré par sa famille et lié par son contrat, n'était guère qu'un valet dans la maison de son patron et un commissionnaire dans son atelier.

La limitation du nombre des apprentis ne rassurait pas assez les corporations contre l'extension des maîtrises ; on imposait à l'apprentissage des conditions très dures. Il fallait payer un droit d'entrée, donner pour rien son temps et ses services. C'était peu de chose pour le fils de maître, qui restait dans la maison paternelle ; mais pour des ouvriers à qui l'épargne était interdite, le fardeau de l'apprentissage était bien lourd. Il n'y avait pas à compter sur l'humanité d'un patron ou sur les facultés précoces d'un enfant, puisque tout était déterminé à l'avance par une règle inflexible. Les merciers et les potiers d'étain avaient seuls la liberté de régler de gré à gré avec les parents la durée de l'apprentissage ; dans toutes les autres corporations, les statuts contenaient des stipulations formelles. Ainsi l'apprentissage était de quatre ans chez les cordiers, de six ans chez les batteurs d'archal, de dix ans chez les cristalliers. Les maîtres n'étaient pas libres de se contenter de moins : il ne fallait pas que l'intérêt particulier rendît l'accès de la corporation trop facile ; on permettait seulement de racheter une ou deux années d'apprentissage, l'argent étant un obstacle aussi sérieux que le temps. Et ce qui achève de prouver, à mon avis, que l'esprit des règlements est purement et simplement un esprit de monopole, c'est que la durée de l'apprentissage ne se mesure pas sur la difficulté du métier. Des trois corporations de patenôtriers, qui faisaient le même travail avec des matériaux différents, l'une ne demandait à l'apprenti que six ans de son temps, pendant qu'une autre en exigeait douze. Il fallait aussi acheter par douze ans d'apprentissage le droit d'exercer le métier facile de tréfileur d'archal.

Voyons maintenant ce qui concerne la condition des ouvriers, qui portèrent d'abord le nom de valets, et prirent plus tard celui de compagnons, quand ils commencèrent à former entre eux des confréries pour se séparer des maîtres et se défendre contre leur despotisme. Leur nombre n'était pas limité, par là raison qu'il fallait, pour être ouvrier, avoir passé par l'apprentissage ; mais plusieurs corporations avaient prévu le cas où un riche fabricant voudrait accaparer tous les profits de la profession en embauchant un trop grand nombre d'ouvriers à la fois. Au reste, les règlements variaient de ville en ville et de corporation à corporation. Quelquefois l'apprentissage fait dans une ville ne donnait pas le droit de travailler dans une autre. Dans la plupart des professions, l'apprenti, après avoir achevé son temps, ne pouvait devenir ouvrier qu'en subissant une sorte d'examen ou en faisant un chef-d'œuvre. Presque toujours il fallait payer un droit d'entrée pour obtenir son premier livret. On prescrivait en outre un costume convenable ; certaines corporations importantes exigeaient que tout valet eût « au moins cinq robes en bon état ; » le mot donne la date. Il est évident que des corporations défendues par un long apprentissage, par l'obligation coûteuse du chef-d'œuvre et de nombreuses exigences fiscales, étaient inaccessibles aux dernières classes de la population, et qu'un valet-ouvrier était déjà un privilégié.

Triste privilégié, il est vrai, car le monopole créé au profit des maîtres et organisé par eux réduisait tout sous leur joug et mettait tous les membres de la communauté à leur discrétion. Chaque matin, sous peine de forfaiture, les ouvriers non engagés se rendaient sur la place assignée à leur corporation, et là les maîtres les embauchaient à la journée, au mois ou à l'année. Le contrat fait ne pouvait être rompu de part ni d'autre. Les règlements fixaient le commencement et la fin de la journée de travail, le temps de chaque repas. Les ouvriers ne pouvaient, dans un moment de presse, se refuser à un travail de nuit. Sortis de l'atelier, ils n'échappaient pas au règlement ; ils devaient rentrer dans leur logis à heure fixe, assister le dimanche à la messe. Quoique régulièrement reçus compagnons, il leur était défendu, sous des peines sévères, de travailler en chambre et pour une pratique ; il fallait être embauché par un maître du métier ou demeurer oisif et attendre en mourant de faim une chance meilleure. Enfin toutes les contestations étaient réglées par les prud'hommes, qui, maîtres eux-mêmes, étaient loin d'être des juges impartiaux entre patrons et valets. Il n'y avait qu'un seul cas où le droit du valet fût très nettement défini, parce que, dans le fond, il s'agissait moins de son droit que du maintien des privilèges de la corporation : si le maître employait par aventure des ouvriers régulièrement reçus, mais reçus dans une autre ville, ou, ce qui était plus grave encore, des ouvriers sans qualité (sans livret), il pouvait être cité par ses valets devant les prud'hommes du métier. Un règlement va jusqu'à punir d'une amende le maître qui se fait aider par ses voisins, par ses confrères, maîtres comme lui dans la même corporation, ou par sa propre femme.

Despotiquement gouverné par les maîtres, obligé d'attendre d'eux le travail, à peu près incapable d'arriver à la maîtrise, l'ouvrier chercha des armes dans l'association ; c'est l'instinct des faibles. Il créa au XVe siècle, contre la corporation officielle, la confrérie. La confrérie existait déjà pour les patrons, mais ce n'était qu'une association de prières assez mal vue par l'église et par le gouvernement, qui redoutaient des affiliations trop nombreuses, et par conséquent trop puissantes. La confrérie entre ouvriers eut un autre caractère ; ce fut, sous un prétexte religieux, l'organisation de la grève. Le croirait-on ? Le privilège se glissa jusque dans ces réunions des victimes du privilège ; les confréries imitèrent tant qu'elles purent les corporations, et se firent exclusives à leur exemple, tant il est vrai qu'on apprend mal la liberté à l'école de la servitude. Il faut entrer dans la liberté de plain-pied et à tous risques, car la servitude n'engendre que les révolutions et l'anarchie. Ces ilotes du travail, à qui la maîtrise était interdite ou peu s'en faut, se consolaient en opprimant à leur tour les ouvriers étrangers au compagnonnage.

Mais c'est surtout dans la constitution de la maîtrise que triomphe l'esprit du monopole. Tout apprenti ou compagnon qui veut devenir maître doit d'abord, dans les corporations où le nombre des maîtrises est limité, attendre une vacance ; puis il fait sa déclaration aux gardes ou jurés du métier, qui lui indiquent le sujet de son chef-d'œuvre. Si la corporation est déjà nombreuse, ou si elle redoute pour un motif quelconque l'arrivée de nouveaux concurrents, les jurés se gardent bien d'indiquer un sujet facile. Ils choisissent une œuvre compliquée, qui demande beaucoup de temps et beaucoup d'argent, et qui, une fois faite, ne puisse pas être placée dans le commerce. Ils prennent les précautions les plus minutieuses pour empêcher le candidat d'être aidé, et vont quelquefois jusqu'à le renfermer seul dans un atelier pendant des semaines entières. Il faut qu'il fasse lui-même toutes les parties de son chef-d'œuvre, car, dans ces ateliers où le maître n'emploie que deux ou trois personnes, la division du travail est inconnue. Par exemple, celui qui veut être barbier-chirurgien doit composer un onguent, raser et coiffer un pauvre, saigner un homme ; mais auparavant il s'arme d'un marteau, et, battant le fer sur l'enclume, il fabrique lui-même la lancette dont il va se servir. Quand le chef-d'œuvre est exécuté, c'est encore aux gardes du métier qu'appartient le droit de l'accepter ou de le refuser ; donc le candidat est deux fois dans leur main : par le choix et par le jugement de l'épreuve. Il va sans dire que tout devient aisé pour un fils de maître ; le chef-d'œuvre se fait dans l'atelier du père, sous ses yeux, avec ses conseils ; les jurés ne sont que des amis de la famille, déjà des confrères ; tout s'aplanit pour lui, tout devient facile et bienveillant, tandis que les étrangers, ou les ouvriers, fils d'ouvriers, qui veulent monter au rang de maîtres ne trouvent que des rivaux et des ennemis dans leurs juges.

Avec le temps, une modification assez piquante s'introduisit dans le régime des corporations. Chaque corporation se divisa en trois bandes, les *jeunes*, le *modernes*, les *anciens*. Les *anciens* se créaient un privilège contre les *modernes*, qui s'en créaient un contre les *jeunes*. Il fallait, pour passer d'une bande à l'autre, une certaine ancienneté et un sac d'argent. Les *jeunes* ne furent ni électeurs ni éligibles ; les *modernes* ne furent qu'électeurs ; l'autorité, dans chaque corporation, se trouva ainsi concentrée entre les mains d'un petit nombre d'*anciens*. Le règne de la routine n'en fut que mieux assuré.

Jusqu'ici la corporation s'est montrée uniquement préoccupée de son intérêt, ou plutôt de l'intérêt des patrons : le mot de privilège revient à chaque ligne des statuts, l'esprit de privilège se sent dans toutes les stipulations ; mais voici maintenant où les maîtres, les privilégiés, sont pris dans leurs propres lacs, car ils ont beau se bien défendre, exclure durement les étrangers, malmener les apprentis et les valets ; il faut que ce joug qu'ils ont forgé pèse aussi de tout son poids sur leurs têtes. On a vu ce que faisait la jalousie des maîtres contre les étrangers et contre les ouvriers ; on va voir maintenant ce que peut faire contre chaque maître la jalousie de la corporation. D'abord il faut à la corporation un trésor : tout le monde ne prospère pas ; elle puisera donc largement dans la bourse de chaque associé pour remplir la bourse commune. Ensuite il lui faut de la sécurité ; donc elle prendra des mesures sévères contre les inventeurs. Le premier homme de génie venu, en créant une nouvelle méthode, pourrait faire sa fortune et ruiner du même coup ses anciens ; le règlement y mettra bon ordre. Ainsi donc exaction, réglementation, voilà les deux instruments de torture qui, pendant vingt siècles, vont rendre l'industrie captive.

Je sais qu'on déguisera sous le nom de charité l'organisation abusive de la bourse commune, et sous le nom de loyauté du commerce la réglementation absurde qui, portant dans l'industrie les préoccupations inquiètes de la théologie, condamne une découverte comme un crime. Je ne nie pas qu'il y ait partout du bon dans le mauvais ; mais ici le mauvais domine, il éclate. Voyons, pour commencer, le chapitre des exactions. Le maître a donc fait son chef-d'œuvre, les jurés l'ont reçu. Il faut maintenant « acheter le métier du roi, » payer un droit à la communauté et une redevance à quelque officier de la couronne : au panetier, s'il s'agit d'un boulanger, au maître de la garde-robe, s'il s'agit d'un fripier, etc. Ces différents droits, dans certaines corporations, représentent jusqu'à trois cents journées de travail ; ils ne dispensent nullement le nouveau maître de payer encore, sous divers noms et sous divers prétextes, au roi, à la corporation, à l'église, des sommes dont l'évaluation est quelquefois arbitraire. Il faut aussi qu'il subisse l'obligation du banquet : le banquet est la consécration de la maîtrise. C'est une institution plus ancienne que le chef-d'œuvre, dont l'obligation ne fut guère généralisée qu'au XIVe siècle : celle-ci remonte jusqu'aux corporations romaines. Il n'y a rien qui soit plus sévèrement exigé et plus minutieusement réglé par les statuts, parce qu'on rattache au banquet des idées de confraternité intime, et peut-être même quelques idées superstitieuses, à la manière antique. À la fin du XVIIe siècle, le total des frais s'élevait à Paris, pour chaque maître drapier, à 3,240 livres. Le bon sens veut qu'au moment où un artisan s'établit à son compte, il ait devant lui quelques avances ; c'est le contraire que veulent les règlements de maîtrises. Les frais de chef-d'œuvre, les droits d'entrée et le banquet absorbent en pure perte deux ou trois années de revenu. Donc la maîtrise n'est accessible qu'aux riches.

Écrasé par ces premiers frais, le nouveau maître prend aussitôt sa part des charges de la communauté. Il acquitte les redevances annuelles, il contribue pour sa quote-part à l'extinction des dettes de la corporation. S'il y a une confrérie, il entre dans les frais du culte ; s'il se fait une procession, un cortège, une partie de la pompe retombe à sa charge. Il paie la taille et la capitation, les dixièmes et les vingtièmes, et toute cette foule d'impôts sans règles, sans assiette fixe, sans contrôle, que les prodigalités du roi, les besoins toujours croissants d'une politique essentiellement vénale et l'avidité des traitants faisaient peser sur le tiers-état. Il paie, comme fabricant, des droits sur la matière première, comme marchand, des droits d'étalage. S'il étend ses affaires, les péages absorbent la majeure partie de ses bénéfices. Rien que pour le court trajet qui sépare Bercy du quai de la Grève, le muid de vin n'acquitte pas moins de seize droits différents, et cela au milieu du XVIIe siècle. En 1659, une balle de camelot de Lille, pesant deux cent trente-deux livres, payait en divers endroits, pour arriver à Lyon, 203 livres 15 sous 3 deniers, sans compter les deux droits de douane de Valence et les 6 deniers pour livre. Tout devient contre le chef d'industrie occasion de fiscalité : le mariage du roi, la naissance d'un prince, la guerre, la paix. Il n'y a pas d'événement public qui ne fournisse au roi ou au seigneur un prétexte pour le rançonner. Il est d'ailleurs gêné dans sa fabrication par un amas confus de règlements qui portent sur la matière, sur les quantités, sur la méthode ; dans sa vie intime, par des lois somptuaires ; dans son travail, par l'obligation d'avoir un atelier ouvrant sur la rue, d'éteindre sa forge ou sa lumière à des heures déterminées ; dans sa vente, par la marque de fabrique, la marque de commerce, les halles privilégiées, le tarif dans ses transactions, par l'interdiction presque générale, et assez constante, du prêt à intérêt [1] ; dans son crédit de commerçant, par le contrôle perpétuel des gardes du métier, du prévôt, des échevins, du procureur du roi et des parlements. Comment résister à toutes ces causes de ruine ? Il n'a qu'une ressource, le monopole. Il est presque excusable de le maintenir avec

---

1 En 1547, le conseil de ville rejeta le projet de l'établissement d'une banque à Paris, « parce que ladite banque était contre la loi de Dieu, autorisant l'usure. »

un soin jaloux, puisque sans lui il périrait. Il faut que les gardes du métier, et tous les maîtres avec eux, soient sans cesse attentifs à ne pas accepter de nouveaux venus, à ne pas permettre d'empiétement d'une corporation sur une autre, à réprimer sur-le-champ les tentatives d'un collègue qui voudrait accaparer la vente par le bon marché ou par la meilleure production. Les conséquences directes de ce système sont donc de fermer aux pauvres les ressources du travail et du commerce, de faire naître l'antagonisme entre les corporations, entre les maîtres dans la même corporation, de maintenir la routine dans la fabrique, les prix élevés dans la vente, — avec tout cela, de laisser les privilégiés à la merci de l'arbitraire royal et du pouvoir discrétionnaire des magistrats.

Maintenant, comme il y a un bon côté en toutes choses, je confesse que les corporations ne laissaient pas tomber les veuves et les orphelins dans l'indigence. J'ose à peine ajouter que cela faisait partie de leur égoïsme, et que ces mêmes jurés qui répandaient dans le sein de la communauté des charités si abondantes dénonçaient au procureur du roi et faisaient mettre aux galères un malheureux père de famille qui, n'ayant pas pu acheter une maîtrise, se cachait dans un grenier, comme un faux-monnayeur, pour fabriquer une paire de souliers.

Partie II

Si nous cherchons le motif de la réglementation excessive qui ôtait aux fabricants toute liberté et à l'industrie tout avenir, M. Levasseur le voit dans ce principe, qu'en autorisant le monopole l'état acceptait la responsabilité des produits et se trouvait engagé à surveiller et à diriger la fabrication. Ce principe est vrai ; il provoque néanmoins deux réflexions.

La première, c'est que les corporations eurent tort de l'invoquer lorsque leur existence fut mise en péril, car si le système des corporations entraîne, comme conséquence nécessaire, la réglementation à outrance, il était néanmoins très logique et très opportun de supprimer à la fois la réglementation et les corporations, et de préférer au monopole le mieux surveillé la liberté fécondée par la concurrence.

La seconde remarque, c'est que l'intérêt du consommateur n'a pas toujours été le principal objet du législateur dans la réglementation de la fabrique. Il serait en vérité fort étrange qu'après avoir construit de toutes pièces le monopole, après l'avoir défendu avec tant d'habileté contre l'ennemi du dehors et l'ennemi du dedans, le législateur des corps de métiers se fût transformé tout à coup en protecteur désintéressé de la loyauté du commerce. Dans une foule de prescriptions minutieuses, qui ne laissent au fabricant aucune initiative, et qui réduisent l'exercice d'une industrie à l'application d'un mécanisme aveugle, il est impossible de ne pas reconnaître purement et simplement la peur de l'innovation, même heureuse. C'est la médiocrité qui prend de loin ses mesures pour entraver l'essor du génie. On a, par des années de travail, par de grands sacrifices pécuniaires, acheté le droit de vendre au public, à un prix élevé, une étoffe médiocre, mais fabriquée dans toutes les règles ; il ne faut pas que le premier venu, en offrant à l'acheteur une trame plus serrée, une couleur plus brillante ou plus solide, ou simplement en lui donnant à moindre prix la même trame et la même couleur, puisse frustrer les autres maîtres des bénéfices sur lesquels ils ont compté, et que la corporation doit leur garantir, puisqu'elle les leur a vendus. Quand on se place à ce point de vue, toute découverte industrielle devient en quelque sorte un vol fait à la communauté. S'il est juste et convenable que le droit de faire des chaussures s'achète comme une métairie, il doit être juste aussi que la moitié du peuple aille pieds nus, et que les inventeurs des souliers à bon marché soient condamnés aux galères.

L'auteur de l'*Histoire des Classes ouvrières* connaît trop bien les corporations du XIIe et du XIIIe siècle pour ne pas être frappé du caractère étroit et égoïste de leurs règlements. Aussi est-ce particulièrement dans les règlements de la deuxième époque, imposés aux corporations par les rois et par les parlements, qu'il veut voir des idées plus générales, une préoccupation plus effective et plus intelligente des intérêts du consommateur. C'est là, suivant lui, un des plus grands services rendus au pays par la royauté. M. Levasseur se laisse peut-être un peu trop aller à cette indulgente philosophie de l'histoire qui attribue à la royauté tout ce qui s'est fait de bien depuis Louis IX, et on le surprend quelquefois à exalter comme d'éminents services des actes pour le moins équivoques dans leurs résultats, et qui, considérés dans l'intention de leurs auteurs, ne

Jules Simon

sont que l'égoïsme de la royauté substitué à l'égoïsme des seigneurs ou à celui des corporations.

Je veux bien reconnaître que quand Etienne Boileau rassembla autour de lui les gardes de la plupart des métiers et transcrivit leurs statuts en quelque sorte sous leur dictée, il donna quelque fixité à cette législation incohérente, et put faire en cela quelque chose d'utile. Je crois aussi que quand saint Louis, Louis XI, Henri IV, Louis XIV, modifièrent les règlements d'une ancienne corporation, ou donnèrent des règlements à une corporation nouvelle, ils se préoccupèrent sérieusement d'empêcher la sophistication des marchandises. Tout pouvoir central a des vues générales par le bénéfice de sa position, et c'est pourquoi la loi doit toujours être faite par un pouvoir central. Si le roi avait favorisé l'égoïsme d'une corporation au détriment du service public, il aurait agi contre lui-même. Il y a pourtant, on l'avouera, quelque exagération à lui faire un titre de gloire de ce qui résulte de sa condition et non de sa volonté, et je demeure très persuadé, par exemple, que si les états-généraux avaient été régulièrement convoqués, cette autorité toute différente, et qui n'avait de commun avec le pouvoir royal que d'embrasser la totalité de la nation, aurait introduit dans la législation des arts et métiers plus de vues d'ensemble et l'aurait remaniée avec plus de désintéressement et de résolution. Il faut d'ailleurs se souvenir que de Louis IX à Louis XIV la civilisation fait de rapides et immenses progrès. Était-il possible que l'industrie restât stationnaire pendant que l'instruction se répandait, que les vieux préjugés s'évanouissaient, que les besoins du luxe dans les hautes classes et du confortable dans les classes inférieures allaient toujours croissant ? Loin d'être frappé des services rendus à l'industrie par les trois ou quatre grands rois qui ont laissé la trace de leur administration dans la législation des corporations ouvrières, je trouve qu'ils ont à peine marché avec leur temps, qu'ils ont copié presque servilement les règlements du moyen âge, en conservant le principe entier et en n'élaguant pas même toutes les dispositions inutilement vexatoires.

Enfin je conteste à l'état l'aptitude et le droit de faire des règlements de cette nature. Il n'en a pas l'aptitude : on a beau être le grand ministre Colbert ; celui qui sait comment fabriquer la soie, c'est un fabricant de soie, ce n'est pas un profond politique. Colbert, dit-on, s'entoura d'hommes pratiques. Qu'il fasse mieux, qu'il laisse les praticiens à eux-mêmes. Un jour, dans l'intention louable assurément d'empêcher la fraude, il fixa la largeur des étoffes de soie dans tout le royaume. En Auvergne, où l'on fabriquait des pavillons et des banderoles étroites, il fallut comme ailleurs se conformer à l'étalon. Les acheteurs furent contraints de rogner l'étoffe et de perdre l'excédent ; les fabricants durent livrer à vil prix, ce qui entraîna le chômage et une ruine générale. Le ministre fut près de quatre ans à reconnaître son erreur. Au fond, l'état n'a pas plus le droit de diriger l'emploi de ma force qu'il n'a celui de dépenser mes revenus à sa fantaisie. Cette tutelle en toutes choses suppose toujours l'absolue incompétence du sujet et l'absolue compétence de l'état ; mais c'est une double faute, car d'un côté tout homme tient de la nature le droit, le devoir et le pouvoir d'être libre, et de l'autre l'état n'a de délégation que pour maintenir le bon ordre. Il est évident que Colbert réglant le nombre des fils et la dimension des étoffes, et Louis XV exigeant des billets de confession, obéissent au même principe dans deux matières bien diverses. Pour moi, qui suis, comme tout le monde, pénétré d'admiration pour quelques-uns des grands hommes que je viens de nommer, qui regarde saint Louis comme un saint et un héros, Henri IV comme le modèle d'un grand roi, qui vois dans Henri IV et dans Colbert les deux plus illustres bienfaiteurs et comme les fondateurs à nouveau de l'industrie française, ce n'est pas certes dans ce qu'ils ont fait pour les corps de métiers que je vais chercher leur grandeur. Ils n'ont été là préoccupés que de l'argent et d'un intérêt que je suis loin de confondre avec l'intérêt commun, car il n'est que celui de l'absolutisme. Leur gloire, ce n'est pas d'avoir réglementé, c'est d'avoir créé. Quand Henri IV et Colbert prenaient la résolution de doter la France d'une industrie nouvelle, et que, pour y parvenir, ils n'épargnaient ni l'argent, ni les encouragements de toutes sortes, ni leur sollicitude de chaque jour, je ne recherche pas si, parmi les moyens employés, on avait le plus souvent recours à la création de privilèges ; je n'examine pas non plus si l'état se faisait quelquefois fabricant, ou s'il puisait largement dans le trésor commun au profit de quelques chefs d'industrie qui enrichissaient le pays en s'enrichissant eux-mêmes. Je reconnais que quand les citoyens sont endormis par des habitudes passives, quand la législation les prend constamment sous sa tutelle, sans leur permettre de compter sur eux-mêmes et de devoir quelque chose à leur propre initiative, l'obligation étroite du pouvoir est de produire lui-même, puisqu'il en est seul capable, et qu'il s'est comme à plaisir entouré d'impuissants. Ce qui serait, au point de vue des idées vraiment libérales, un renversement de l'industrie, était un trait de génie dans Colbert. Il est même permis d'aller plus loin, et de dire que, dans la France moderne, tant qu'on n'aura pas jeté les fondements de la liberté et de l'activité individuelle en créant la grande commune et en donnant l'essor au véritable esprit d'association, on devra applaudir aux grandes entreprises de l'état, puisqu'elles sont nécessaires à la prospérité publique et impossibles aux faibles ressources des individus, réduits à l'isolement et par conséquent à l'impuissance ; mais il ne faut pas prendre pour une règle générale ce qui n'est que la conséquence d'une législation incomplète ou mal entendue. Colbert n'a encore de statue sur aucune des places de la capitale ; si jamais on élève cette statue, qu'on se garde bien d'inscrire sur la base du piédestal les corporations fondées ou réglementées. Il ne faudra pas faire cette injure à l'immortel Turgot et à l'immortelle assemblée constituante.

On peut résumer ainsi l'action de nos rois sur le régime des corporations depuis Etienne Boileau jusqu'aux prédécesseurs immédiats de Turgot. Ils ont créé des corporations nouvelles, afin d'enrichir leur trésor et d'étendre leur police. Dans les anciennes corporations, ils ont modifié la nature des charges et remplacé presque partout le prud'homme électif par le prévôt de nomination royale. Ils ont attiré au trésor une partie des amendes, des cotisations et des redevances qui précédemment appartenaient à la communauté ! Dans certains cas, ils ont transformé les industriels en véritables fonctionnaires publics. Ils se sont substitués à l'action régulière du commerce en fixant eux-mêmes le taux des salaires et le tarif de la vente. L'ordonnance de 1567 défend de vendre le plus gros chapon plus de 7 sous et le plus gros poulet plus de 20 deniers. Si le marchand n'y trouvait pas son compte, il ne vendait pas ; de même pour les marchandises fabriquées. Les rois, par ces expédients, ne faisaient qu'organiser le chômage et la ruine. Enfin leur plus cruelle invention fut d'émettre des lettres de maîtrise, qu'ils jetaient sur la place, comme plus tard les rois leurs successeurs ont émis des emprunts : il n'y eut jamais de mesures financières plus inintelligentes et plus désastreuses. Voilà quel a été le résultat de l'intervention de nos plus grands rois dans le régime des corps de métiers, et tous ces maux de détail qu'on est en droit de leur imputer sont moins regrettables que le fait même d'avoir conservé et consacré le principe du monopole industriel. Si, après cela, on a défendu aux ouvriers de travailler dans des arrière-cours, où l'œil du public n'aurait pas pu surveiller leur travail ; si on a interdit aux coffretiers d'employer l'aubier, qui est une sorte de bois sans solidité et sans durée ; si les meubles n'ont dû être peints et vernis qu'après la vente faite, afin que l'acheteur ne fût pas trompé sur la nature de la marchandise qu'on lui livrait ; si la largeur du lé d'étoffe, le nombre et la qualité des fils ont été réglés, toutes ces précautions, tous ces règlements, inventés dans l'intérêt de l'acheteur, et qui pour la plupart ont tourné contre lui, sont une mince compensation des maux que nous signalions tout à l'heure, et sur lesquels il ne sera pas inutile d'insister.

Dès que les rois comprirent que la supériorité d'honneur qu'ils avaient eue pendant plusieurs siècles sur leurs grands vassaux allait devenir une domination effective, leur tendance fut de tout soumettre à leur autorité, non pas en détruisant les corps privilégiés, comme on le fit en 1789, mais en les multipliant au contraire, en les excitant les uns contre les autres, et en les réduisant tous à un état de dépendance vis-à-vis du pouvoir royal. Ainsi les rois firent à la féodalité une guerre d'extermination, mais ils se gardèrent bien d'ôter à la noblesse ses droits honorifiques, et même ceux de ses droits utiles qui ne leur portaient pas ombrage. La noblesse, qui avait limité et pour un temps anéanti leur pouvoir, devint un instrument pour eux après cette transformation. Ils agirent de même avec les gouverneurs de provinces, qu'ils réduisirent peu à peu à une vaine représentation, en faisant passer aux intendants tout l'effectif de l'autorité ; avec les parlements, d'abord soutenus dans des prérogatives qui supplantaient les états-généraux, puis combattus dans leurs efforts de résistance, et finalement réduits au rôle de cours de justice ; avec les communes, encouragées au XIIe siècle dans leur lutte contre les seigneurs, puis transformées très promptement et très rudement en simples rouages administratifs d'un ordre inférieur ; enfin avec les corporations d'ouvriers, dont on fit des succursales de la police en supprimant et en faussant les élections, et en remplaçant partout les élus du métier par des hommes à la dévotion des intendants. Cette réforme faite, réforme très concordante avec les améliorations que la royauté accomplissait en même temps, il n'y eut plus aucun péril, il n'y eut au contraire que des avantages à enrégimenter les quelques ouvriers qui, dans les faubourgs des capitales ou dans les villes de second et de troisième ordre, s'étaient maintenus dans une sorte d'indépendance. Quand ce prétendu bienfait de la royauté leur fut vendu trop cher, ils en sentirent l'amertume ; ainsi, lorsque Colbert créa la corporation des limonadiers de Paris, personne n'acheta d'abord la maîtrise ; comme ce n'était pas l'affaire du ministre, qui avait compté sur le produit, il résolut d'obliger tout le monde à jouir de ses bienfaits, et par une ordonnance du 14 décembre 1675 il décida que les limonadiers seraient contraints par huissier à se présenter immédiatement devant leurs syndics, et à payer 150 francs et les 2 sous pour livre avant le 15 au soir. Il était rare cependant qu'on eût besoin d'avoir recours à de telles sévérités ; le plus souvent, il faut en convenir, les ouvriers allèrent d'eux-mêmes au-devant du joug, parce que le plus noble et le plus fécond des sentiments humains, le sentiment de l'indépendance personnelle, se trouvait éteint en France par le long despotisme des seigneurs, que remplaça presque sans intervalle l'habile et puissant despotisme des rois, et parce que, dans l'impossibilité d'être quelque chose par soi-même et de se résigner à n'être rien, tout le monde courait après un semblant de dignité, et voulait avoir un rang dans les processions, un titre sur son enseigne, une prétention à faire valoir contre le voisin. Les créations de corporations furent de deux sortes : tantôt on ne fit qu'appliquer un ancien règlement à une localité nouvelle, tantôt on créa de toutes pièces la corporation, le règlement, et même l'industrie. Henri IV, quoiqu'il y eût alors sur le marché des lettres de maîtrise de vingt créations différentes, voulut que tous les artisans dans toutes les villes du royaume fussent organisés en corporations : ce n'était que l'extension de règlements anciens. Plus tard, on créa la corporation des gaîniers, des ouvriers en cuir bouilli, des limonadiers, des cuisiniers, celle des écrivains publics, celle des apothicaires, etc. Le nombre des corporations, qui était de soixante à Paris en 1672, s'éleva à cent vingt-neuf en 1691. Amiens avait des savetiers qui n'employaient que des fils secs, des tisserands qui n'employaient que des fils gras. L'Angleterre jeta sur le marché des sayettes tissues de fils gras et de fils secs, qui, par la qualité et le bas prix, accaparèrent du premier coup la faveur publique. Quelques membres des deux corporations, manquant à tous leurs devoirs, imitèrent les Anglais, et furent sévèrement punis ; mais les arrêts des parlemets ne suffirent pas pour dégoûter le public d'une étoffe qu'il payait moins cher et qu'il jugeait plus commode. Que fit-on ? Au lieu de toucher à l'arche sainte des règlements existants et de fondre en une seule les deux corporations, on aima mieux en créer une troisième, qui eut le monopole du mélange.

S'il est vrai, comme l'assure M. de Tocqueville, que toute la politique intérieure des rois de France se résume dans ces deux mots : « diviser pour régner, » les corporations secondèrent admirablement leurs vues. Ce n'étaient que compétitions, saisies et procès interminables. Un forgeron ne pouvait faire une clé, ni un ébéniste une serrure, ni un tailleur la réparation d'un vieil habit, ni un fripier un habit neuf. Les fripiers, tenus en bride par les tailleurs, qui les empêchaient de se servir d'étoffes neuves, se vengeaient sur les femmes de leurs adversaires quand elles s'avisaient de faire un point ou de coudre un bouton aux chausses de leurs maris. Les savetiers s'attirèrent une mauvaise affaire avec les cordonniers, parce qu'ils s'étaient permis de faire des souliers neufs pour leurs femmes et leurs enfants. Les lormiers, fabricants de mors et d'éperons, firent défendre aux selliers d'exposer en vente cette partie du harnachement d'un cheval. Il y avait pour ainsi dire une guerre permanente entre les foulons et les teinturiers. Un arrêt du parlement décida, après un procès de trois siècles, que les tailleurs ne pourraient employer pour la doublure d'un pourpoint une étoffe ayant déjà servi, parce que ce serait empiéter sur le privilège des fripiers. Les merciers, vendant un peu de tout, avaient des procès avec tout le monde. Les gantiers leur firent défendre de recoudre les gants ; il leur fut seulement permis de les enjoliver par des broderies. Ils n'en purent avoir que trois douzaines empilées sur le comptoir, et deux paires dans la montre. Ce fut pendant près de cent ans un crime punissable de trois mille livres d'amende, et en récidive de la privation de maîtrise et de l'emprisonnement, que de mêler la soie au castor dans la fabrication des chapeaux. Toutes ces querelles, qui dévoraient une partie de la fortune des corporations, avaient pour déplorable conséquence d'entretenir le chômage. Comme on ne pouvait faire partie à la fois de deux corporations, dans tous les métiers qui n'occupent leur homme qu'une saison, il y avait disette de bras dans le bon moment, et disette d'ouvrage le reste de l'année. C'est seulement en 1762 que les habitants des campagnes obtinrent la permission de filer et de faire de la toile, encore cette autorisation fut-elle restreinte aux seules localités où il n'y avait pas de tisserands. Un chaussetier, homme de génie, inventa un jour de remplacer les cordons qui attachaient les braies au pourpoint par des aiguillettes. Le public fut de son avis, et trouva les aiguillettes plus commodes et plus élégantes. Les gardes du métier firent un procès qui dura quinze ans, et c'est en 1398 que le public eut pour la première fois la permission de nouer ses chausses comme il l'entendait. Les boutons couverts d'étoffe n'eurent pas moins de peine à s'établir ; les boutonniers d'os et de nacre et les boutonniers-ciseleurs poursuivirent à outrance ces boutons économiques. Le parlement lui-même les vit de mauvais œil, et permit aux officiers de police de les couper, dans la rue, sur les habits de ceux qui les portaient. Ce fut une bien autre affaire pour les toiles peintes. Le fabricant fut puni des galères. Une femme, pour porter de la toile peinte, put être mise à l'amende sur un simple procès-verbal, et les commis de barrières eurent le droit de lui arracher sa robe, de la déchirer sur son corps. Quand enfin, très peu de temps avant la révolution, il fut sérieusement question de permettre l'usage de ces malheureuses toiles, ce fut un *tollé* général dans toutes les fabriques, et les trois corps de métiers d'Amiens déclarèrent « qu'au seul bruit de cette *nouveauté*, tout le royaume frémissait d'horreur. » On sait que la Comédie-Française ôta la parole aux acteurs des théâtres forains, que l'Opéra leur défendit de chanter, et qu'ils furent réduits à la pantomime. Je regrette que M. Levasseur ait laissé dans l'ombre ces longues querelles à propos des comédies, qui mirent aux prises le grand conseil et le parlement, et qui condamnèrent du même coup les théâtres forains à se taire, et le public parisien à s'ennuyer, parce que le privilège de l'amuser en parlant était la propriété d'une corporation.

L'affaire devenait plus sérieuse quand il s'agissait des prétentions de la « très salubre faculté de médecine. » Molière a beau être plaisant quand il parle de l'obligation de mourir dans les règles ; dès qu'on a lu seulement trois procès-verbaux des *prima mensis* de la faculté, on comprend tout ce que cette plaisanterie avait de tragique. Je ne sais si M. Levasseur a connu le procès que firent aux chirurgiens de robe courte ou barbiers leurs confrères les chirurgiens de robe longue. Ces derniers étaient presque des savants, et ils avaient le privilège de suivre les cours de la faculté de médecine ; mais les chirurgiens de robe courte, qui étaient exclus de l'école, n'en avaient pas moins le droit de faire toutes les opérations de chirurgie. Les docteurs-régents ouvrirent leurs amphithéâtres à tous ceux qui avaient accès au lit des malades ; c'est ce qui souleva d'indignation la corporation des chirurgiens de robe longue. Ils ne contestaient pas à leurs humbles confrères le droit d'exercer la chirurgie, mais ils leur déniaient hautement celui de l'apprendre. Je parlais il y a un instant d'une plaisanterie de Molière qui change presque de nature quand on se rappelle les règles de la faculté de médecine ; voici une injure de Boileau qui ne peut être bien comprise si l'on ignore la constitution des corps de métiers sous Louis XIV :« Soyez plutôt maçon,… » dit-il à Perrault. C'est qu'en effet, jusqu'à la création de l'Académie des Beaux-Arts, les architectes, les sculpteurs et les peintres étaient maçons. Ils faisaient partie de la corporation de Saint-Luc, érigée en 1391, et ils y étaient confondus avec les badigeonneurs. Il fallut même, pour acheter une émancipation incomplète, mettre dans la nouvelle académie les prud'hommes du corps de métier, et le peintre Lebrun eut pour collègues des ouvriers qui maniaient le marteau et la truelle.

La première opération du roi pour régulariser l'industrie était, comme on vient de le voir, d'étendre à tous les artisans le régime des corporations ; un autre objet de la sollicitude royale fut de transformer les fonctions électives de jurés et gardes du métier en offices achetés par le titulaire et directement concédés par le pouvoir. On voyait là dans une seule réforme plusieurs améliorations importantes : d'abord on appliquait le principe général de la centralisation, si cher au despotisme ; on détruisait le fâcheux exemple de corps délibérans, ou du moins élisans et se croyant des droits, une autorité, une existence propre dans le sein de l'état ; on agrandissait la distance qui séparait les ouvriers des maîtres et les maîtres de leurs magistrats. Plusieurs corps de métiers se trouvèrent tout à coup placés sous des surveillants héréditaires. Quelques-uns des plus favorisés conservèrent les formes électives ; mais leurs jurés furent soumis dans l'exercice de leurs fonctions au prévôt de la ville, au procureur du roi, à l'inspecteur du commerce, sans parler de la haute surveillance des parlements, qui s'étendait à peu près à tout. D'autres corporations, après avoir exercé originairement une profession libre, devinrent une sorte de rouage administratif ; les maîtres furent des officiers, ils achetèrent leurs charges, ils parurent dépositaires d'une partie de l'autorité publique. Tels furent les jaugeurs et mesureurs, les chargeurs, les déchargeurs, les crieurs de vin. Ces fonctionnaires d'une nouvelle espèce vécurent aux dépens des autres corporations. Un cabaretier n'aurait pas été bien venu à ne pas faire crier son vin ; le crieur de vin, qui avait sa charge à exercer, s'emparait d'un broc, le remplissait de vin aux tonneaux du marchand, et en fixait lui-même le prix pour les acheteurs. De même il fallait être mesuré par les mesureurs et déchargé par les déchargeurs, malgré qu'on en eût. Il y avait des déchargeurs de plusieurs sortes, pour les blés, pour les vins. Ces derniers soutinrent de longues luttes avec les tonneliers. On en vint à créer trois corporations, celle des déchargeurs, qui ôtaient les tonneaux des navires et les plaçaient sur le quai, celle des tonneliers-rouleurs, qui conduisaient les tonneaux jusqu'aux charrettes, et enfin celle des chargeurs. Aucun marchand ne pouvait se passer de ces intermédiaires, qui rappellent les caudicaires de Rome, et dont les prétentions, sinon les droits, se continuèrent après la révolution chez les portefaix d'Avignon et de Marseille. L'administration se servait de leur ministère pour établir un contrôle sur toutes les marchandises. Elle eut, vers le milieu du XVIIIe siècle, une plaisante idée : elle enrégimenta les ramoneurs et leur donna un uniforme ; mais pour cette fois les Parisiens résistèrent et ne voulurent pas, selon l'expression d'un journaliste du temps, introduire la police jusque dans leurs foyers.

Cette tendance de l'ancienne monarchie à prendre la population en tutelle et à la réduire à un rôle passif, afin de n'avoir pas de résistance légale à redouter, n'a fait que s'accroître jusqu'à la révolution, et les premiers pouvoirs d'origine révolutionnaire l'ont soigneusement empruntée à l'ancienne monarchie. Elle est devenue cette machine d'annihilation universelle qui fonctionne au-dessus de nous sous le nom de centralisation, et que tant d'esprits abusés confondent avec l'unité nationale. Seulement l'organisation de la machine a été simplifiée et améliorée. Sous l'ancien régime, on multipliait les corps privilégiés, et le gouvernement central, arbitre de leurs luttes, les laissait exercer en paix tous les droits qui ne pouvaient pas se tourner contre lui-même ; on a depuis supprimé tous les privilèges et remplacé les corporations par une armée de fonctionnaires nomades toujours responsables devant leurs chefs et irresponsables devant leurs administrés. Cette machine est admirable de simplicité et de force. Elle est à la vie d'un peuple ce qu'aurait été à l'intelligence humaine l'art combinatoire rêvé par Raymond Lulle, et dont le but était de remplacer les opérations de l'esprit par un mécanisme. Les modernes ont donc embelli et fortifié la centralisation, mais ils n'ont pas la gloire de l'avoir créée, et le simple citoyen était, sous l'ancien régime, aussi peu de chose qu'aujourd'hui.

Il faut avouer d'ailleurs que ce désir, particulier à l'administration française, d'enrégimenter le plus grand nombre d'administrateurs possible, et d'administrer le plus possible ceux qui n'administrent pas, était puissamment secondé par les nécessités du budget. Depuis que la politique a, comme la chimie, une meilleure nomenclature, nous n'avons que deux ou trois impôts, que nous augmentons dans les besoins de l'état, et quand l'impôt ne rend pas suffisamment, nous avons recours à l'emprunt, ce qui s'appelle, en langue vulgaire, vivre aux dépens de ses héritiers. Nos pères ne connaissaient pas cette belle simplicité ; ils avaient des impôts sans nombre, mal répartis et mal perçus, de sorte que l'enrichissement de l'état ne résultait pas dans une juste proportion des efforts du contribuable. En général, ils aimaient mieux créer un impôt nouveau que d'augmenter le chiffre des impôts anciens. Cela faisait une quantité agréablement variée de fermes grandes et petites qui avaient chacune leurs privilèges, quelquefois même leurs justices, car la ferme des gabelles faisait très bien mettre les délinquants aux galères. Ainsi la perception de l'impôt se faisait par des corporations, comme l'administration elle-même. Pour les créations d'offices, c'était moins un impôt proprement dit qu'un emprunt. Le roi vendait une charge ; après l'avoir vendue, il payait des gages au nouveau magistrat : c'était lui donner l'intérêt de son argent.

Jules Simon

Comme la plupart des charges emportaient l'exemption de certains impôts, la multiplication des fonctionnaires était une ruine pour le trésor ; mais on y gagnait pour le moment quelque grosse somme qui permettait de faire face à des nécessités urgentes. Le chancelier de Pontchartrain ne demandait pour remplir le trésor que quelques liasses de parchemin et quelques bâtons de cire rouge. On dit qu'il créa quarante mille offices à lui seul, tous inutiles. Quinaut fit à la fin du règne de Louis XVI un dénombrement des charges créées pour avoir de l'argent. Elles montaient à plus de trois cent mille, sans compter les brevets de maîtres. Ces parchemins trouvaient du débit grâce à la vanité française, soigneusement entretenue dans l'intérêt du trésor. Un marchand, en se retirant du commerce, était bien aise de se décorer du titre de conseiller du roi langueyeur de porcs ou de conseiller du roi mesureur de bois de chauffage. Nous voyons sous nos yeux des titres tout aussi vains, quoique moins ridicules, attirer des nuées de candidats.

Non-seulement les corporations, si nombreuses dans chaque ville du royaume, donnaient lieu à la création d'une quantité d'offices, mais les brevets de maîtrise étaient eux-mêmes pour la royauté un important moyen de finances. Les rois, dans certaines occasions, émettaient des brevets supplémentaires, comme on émet aujourd'hui des titres de rente. Ces brevets se cotaient sur la place suivant que la demande surpassait l'offre ou en était surpassée. Il y avait quelquefois des brevets à acheter de trois ou quatre créations différentes, parce que les premiers n'avaient pas trouvé d'acquéreurs, et que les rois avaient eu de nouveaux besoins. Très souvent le même roi créait, moyennant finance, une corporation à laquelle il recommandait, dans le préambule de l'édit, les bonnes règles du métier, le long apprentissage, le chef-d'œuvre, l'examen de réception, et quelques jours après il émettait des brevets de maîtrise qu'on pouvait acheter sans autre formalité, sans rien savoir du métier, et sans avoir été apprenti un seul jour. Entre autres usages dont l'industrie se serait bien passée, quand un prince du sang se mariait, le roi lui donnait pour cadeau de noces le droit de créer deux maîtres par corporation dans chaque ville. Ceux des princes qui étaient bien servis en tiraient gros ; les autres offraient vainement leurs brevets à des prix dérisoires pendant de longues années. C'est qu'il s'agissait pour les nouveaux titulaires de s'affilier à un corps où ils étaient nécessairement très mal vus, d'abord comme incapables, ensuite et surtout comme rivaux et comme intrus. Ils ôtaient du même coup à leurs nouveaux confrères leurs clients et leurs arguments. Comment démontrer contre les novateurs la nécessité des corporations, contre les ennemis de chaque corporation particulière, la nécessité de ses statuts, et contre les relâchés et les complaisants, l'utilité des anciennes règles, des chefs-d'œuvre difficiles, des longs apprentissages, lorsque tout à coup une ordonnance renversait tout cela, et donnait la science infuse pour quelques écus ? Les vieux maîtres qui, pendant une longue carrière, avaient mis toute leur application à conserver aux maisons anciennement établies la jouissance de leur privilège pouvaient-ils voir de sang-froid leurs efforts inutiles et leur commerce ruiné par des créations dont le but était purement fiscal, et que ne justifiaient nullement les besoins de la place ? Les rois, il faut bien le dire, tiraient des maîtres tout ce qu'il était possible d'en tirer par des redevances, des cotisations, des impôts, des droits de toutes sortes ; si de plus ils rendaient en quelque sorte banal un privilège si chèrement acheté, les plus solides maisons pouvaient à peine espérer de se maintenir. Il arriva fréquemment qu'une corporation achetait elle-même au roi les nouvelles maîtrises, non pour les exercer, mais pour les amortir, et le roi ne rougissait pas de cette transaction, qui perçait à jour le motif de l'institution des maîtrises. Les bouchers de la grande boucherie de Paris (car il y avait deux corporations de bouchers) étaient des bourgeois oisifs qui avaient acheté une maîtrise, et qui la louaient au premier venu pour exercer la profession sans responsabilité ni sérieux apprentissage. Il en était de même des mesureurs de blé et des déchargeurs. Jamais un déchargeur en titre ne paraissait à la halle. Les titulaires avaient là de pauvres diables qu'on appelait des *plumets*, et qui faisaient leur besogne à la condition de leur abandonner la plus grosse part des profits. Tant fut procédé que les corporations tombèrent d'une ruine dans une autre. Elles s'obérèrent pour éviter les concurrents ; les charges dépassèrent les bénéfices. Les maîtres restèrent par la difficulté de liquider ; parmi les fils de maîtres, beaucoup aimèrent mieux renoncer que d'ouvrir une maison dans ces conditions. Aussi vit-on un spectacle singulier et très significatif : les commandes augmentaient, la fabrique diminuait. Un intendant de la généralité de Tours déclare que de cent vingt métiers battants dans son ressort, on est tombé à six en un quart de siècle. Quelques corporations se firent défendre, comme dernière ressource, de recevoir des apprentis pendant un laps de trente ans, de quarante ans. On put prévoir le moment où les rois de France, à l'exemple des derniers empereurs, seraient obligés de rendre les professions héréditaires dans les familles. En 1696, après plusieurs créations d'offices que les corporations achetèrent pour ne pas avoir à les subir, la désertion devint si générale dans les rangs de la maîtrise qu'une ordonnance défendit de quitter le métier, et déclara nulles les démissions données depuis deux ans. N'avons-nous pas raison de dire que, quand bien même il serait vrai que les règlements introduits par les rois dans les corps de métiers fussent aussi bien conçus qu'on le prétend, ces exactions perpétuelles, cette organisation de la ruine, compensent et au-delà cet équivoque bienfait ?

Partie III

Telle étant vers le milieu du XVIIIe siècle la situation de l'industrie en France, il semble que la liberté devait être demandée par tout le monde, par les consommateurs, que le monopole rançonnait, et par les maîtres écrasés sous les charges des corporations. Le gouvernement seul pouvait perdre momentanément, puisqu'ayant fait la faute de vendre le droit de travailler, il était obligé maintenant de le racheter. Cependant qu'arriva-t-il ? Ce fut le gouvernement qui offrit la liberté et le commerce qui la refusa. Le public resta indécis. Telle est la force de la routine, et tel est l'enivrement que produit le monopole sur l'esprit des privilégiés. On en meurt, et on aime mieux en mourir que de tomber dans le droit commun. On vit pour la première fois le spectacle d'un ministre, Turgot, bravant l'impopularité pour contraindre une nation à être libre. Le préambule des édits de Turgot est la condamnation implacable du régime des corporations. Jamais le bon sens n'avait parlé un langage plus ferme et plus lucide. À peine les édits sont-ils portés au parlement, que toute la magistrature croit voir l'état ébranlé ; le parquet proteste, oubliant ses habitudes de soumission ; la cour refuse d'enregistrer, et contraint le roi à tenir un lit de justice. Six parlements, Bordeaux, Toulouse, Aix, Besançon, Rennes et Dijon, refusèrent l'enregistrement jusqu'à la fin. Les privilégiés (à qui le régime des corporations ne coûtait pas moins de 12 millions par année d'après une estimation faite en 1775) montent une cabale tellement puissante, qu'en moins de deux mois le ministre est renversé, les défenseurs de sa doctrine poursuivis judiciairement et condamnés par le Châtelet. Dans les mémoires dont le public est inondé, on invoque tour à tour les droits de la propriété, les intérêts du commerce et ceux de l'humanité en faveur du privilège. Ces maîtrises que l'on veut abolir ont duré depuis des siècles, grande et solide raison chez un peuple qui regarde encore la longue durée comme la source la plus respectable du droit ; la royauté et la noblesse ne reposent guère sur d'autres fondements. Les corporations ont été reconnues, consacrées par des ordonnances royales enregistrées au parlement et par de nombreux arrêts : veut-on attenter à la justice, à l'autorité royale, à la constitution ? Chaque maître a conquis sa situation par un long apprentissage, il l'a payée au roi et à la corporation pour en jouir désormais comme d'une propriété patrimoniale en toute sécurité. On parle de le rembourser ; mais avec sa finance, qu'on lui rend, lui rendra-t-on aussi tant d'années passées dans l'exercice d'une profession qui lui échappe ? Cette carrière, commencée à l'ombre des lois et sous la protection des principes les plus sacrés de la société humaine, sera donc violemment détruite par un acte de pur despotisme ! Dans quel intérêt veut-on consommer cette énorme injustice ? Donner à tout le monde la liberté de travailler et de vendre, c'est peupler les ateliers d'incapables et les boutiques d'escrocs. Avec les gardes du métier, les jurés, les syndics, le contrôle, la surveillance journalière, on arrivait à peine à empêcher la sophistication, et l'on veut en un jour livrer l'acheteur à la mauvaise foi du producteur, déshonorer le marché de l'exportation, mettre le fabricant entre le vol et la ruine, encombrer la place de marchandises fardées pour la vente comme le visage d'une coquette, créer par l'appât d'une vente facile des besoins factices, et augmenter du même coup le luxe et la misère ! Le peuple, au lieu d'une laine solide, portera des haillons de soie ; voilà toute l'image de la liberté nouvelle. Ces lamentations, parties des ateliers, remplissent le parlement, et trouvent un écho jusque dans l'intimité du roi. Louis XVI, qui avait promis à Turgot de le soutenir et qui avait tenu un lit de justice tout exprès pour imposer les édits au parlement (hélas ! faut-il qu'on soit réduit à invoquer le despotisme pour l'établissement de la liberté ?), Louis XVI, ébranlé à son tour, hésite, recule, condamne la réforme qu'il vient de faire, retourne au régime des corporations et des privilèges. La liberté n'avait pas duré trois mois. La constituante, quelques années après, eut la gloire d'en finir avec les corporations.

Quand on vient de lire le savant et curieux livre de M. Levasseur, où les faits s'accumulent sans confusion, où la connaissance de l'histoire générale s'allie à la science économique pour la guider et la féconder, on sent, on voit avec certitude que l'industrie ne peut que végéter sous le régime de la réglementation, et que l'état d'enfance où elle était tombée au XVIIe siècle, malgré le génie inventif de la nation et les efforts de Henri IV et de Colbert, était l'infaillible résultat de la substitution en tout et partout, pendant un grand nombre de siècles, de la réglementation à la liberté. Il n'y a pas de démonstration qui vaille l'histoire ainsi faite et ainsi présentée. M. Levasseur apporte dans ses appréciations une indulgence qui paraît souvent excessive, quoiqu'elle soit la marque d'un esprit très élevé et très libre, et cette indulgence donne encore plus d'autorité à la condamnation qu'il prononce contre le système des corporations.

Cependant, depuis la fameuse séance de l'assemblée nationale qui a consacré l'œuvre de Turgot (15 février 1791), deux phénomènes parallèles se sont produits dans la législation et dans la théorie, qui paraissent en contradiction avec toutes les données de la philosophie et de l'histoire. La législation a diminué tant qu'elle a pu la liberté, puisqu'elle a successivement créé les patentes, réglementé la boulangerie, soumis les limonadiers au régime du bon plaisir, remis en vigueur les règlements anciens relatifs à l'exercice de la pharmacie et de la médecine, à l'ordre des avocats, aux notaires, aux agents de change, rétabli avec la plupart de ses attributions la direction de la librairie et de l'imprimerie, dont il est naturel de rapprocher la censure dramatique et les privilèges de théâtres, créé pour les colporteurs une législation préventive dont on connaît la sévérité, conservé le monopole du tabac, des cartes à jouer, organisé toute une administration pour surveiller la vente des armes et de la poudre, celle des drogues, celle des boissons et des denrées alimentaires, limité les heures de travail dans les ateliers, rendu au gouvernement le droit de permettre ou de défendre l'exportation, d'imposer même dans certains cas ses tarifs, fixé par une loi le taux de l'intérêt de l'argent, etc. On peut voir l'énumération de toutes ces mesures restrictives dans un livre publié il y a déjà quelques années, mais qui n'a pas vieilli, *la Liberté du travail*, par M. Dunoyer. C'est là qu'il faut se donner le spectacle de tout le chemin que notre législation a fait en arrière depuis la séance du 14 juin 1791, où Chapelier, confondant l'association volontaire, qui est une des conditions de la liberté, avec les corporations, qui sont la forme même de la servitude, fit porter par l'assemblée nationale un décret qui, s'il était obéi, réduirait toutes les forces individuelles à l'isolement, et conséquemment à l'impuissance. Au moins peut-on dire que l'état a cédé, en agissant ainsi, à des nécessités fiscales et au désir de maintenir l'ordre par des précautions sévères ; mais ce qui est moins explicable, c'est le courant d'idées qui, depuis la révolution jusqu'à nos jours, n'a cessé de se manifester dans les ateliers en faveur du rétablissement et de l'aggravation du régime réglementaire. On comprendrait cette tendance chez les théoriciens absolutistes, qui trouvent toujours la part de la liberté trop grande ; il est vraiment étrange de la rencontrer chez un si grand nombre d'ouvriers, mêlée à un amour instinctif, mais bien inintelligent de la liberté.

Certes je ne nie pas les crises fréquentes et terribles qu'amènent la liberté du commerce et la création de machines et de méthodes nouvelles, ni la nécessité où se trouvent parfois les patrons de lutter contre des rivalités en recourant à un abaissement momentané du prix de main-d'œuvre. J'avoue que la substitution des grandes manufactures aux ateliers restreints de l'ancien régime a remplacé, à beaucoup d'égards, la vie de famille par la vie militaire, et que le développement même de l'instruction, en donnant à l'ouvrier des aptitudes nouvelles, l'a rendu plus sensible à certaines privations qui tiennent à des besoins d'un ordre élevé. Je demande pourtant si une crise violente et courte ne vaut pas mieux que la mort par épuisement, si ce n'est pas l'humanité entière qui profite du service des machines,[1] si l'on voudrait renoncer aujourd'hui au télégraphe,

1 En 1788, les machines a carder et à filer le coton étaient employées dans le Lancastre et inconnues à Rouen. Les produits du Lancastre, apportés à Rouen même, habillaient le pauvre comme le riche, et la fileuse rouennaise, qui ne gagnait que dix sous, achetait *par économie* le travail de la fileuse anglaise, qui en gagnait quarante.

Jules Simon

au gaz, à la vapeur, au drainage, à l'imprimerie, aux écoles gratuites, si l'ouvrier malmené d'une manufacture envie quelque chose à la domesticité de l'ancien régime, et s'il en est un parmi les plus souffrants qui voudrait améliorer son salaire à la condition d'interdire le travail à tous ceux qui n'en ont pas mendié ou acheté le privilège ? Je le dis à l'éternel honneur des partisans de l'organisation du travail dans les ateliers : ils ne savent pas ce qu'ils demandent. Retourner à la compression pour échapper à la concurrence, ce n'est pas seulement ignorer l'histoire, c'est ignorer ses propres intérêts, et ses droits, et son cœur, et les conditions de l'activité universelle. On croirait voir des demi-savants, tourmentés par leur science imparfaite, qui regrettent leurs anciennes ténèbres, au lieu de poursuivre la route qui les conduirait à l'émancipation et à la lumière.

Pour moi, si j'avais le droit de donner des conseils aux ouvriers qui rêvent encore d'améliorer leur condition par des lois préventives, je leur dirais : Vous voulez réglementer ; mais, prenez-y garde, il en est de l'autorité préventive comme de ces machines au milieu desquelles vous vivez, et qui dévorent le bras et l'homme même dès qu'elles ont seulement saisi le petit doigt. Quelque règlement que vous fassiez, il en entraîne à sa suite un millier d'autres. Voulez-vous régler le nombre d'heures de travail des enfants dans les manufactures, réglementation à coup sûr la plus innocente, ou, disons mieux, la plus légitime de toutes, et contre laquelle, pour ma part, je suis bien loin de m'élever ? Il vous faudra aussitôt, sous peine de condamner votre loi à l'impuissance, introduire la police dans les familles, fixer l'heure de l'ouverture et de la fermeture des ateliers, la durée des repas, le genre et la condition du travail. Bien plus, comme dans la plupart des manufactures l'ouvrier adulte a besoin d'un enfant pour l'aider, la limitation du travail des enfants amènera par le fait la limitation du travail des adultes. Le législateur lui-même se laissera aller promptement à appliquer aux adolescents, puis aux femmes, puis enfin à tous les ouvriers, un système de protection qui peut être une cause de ruine pour les commerçants et une cause de famine pour les travailleurs. On l'a bien vu en Angleterre et en France, où la limitation du travail des enfants a eu pour conséquence presque immédiate la limitation légale du travail des adultes. Cependant de quel droit empêcherez-vous un père de famille fort et bien portant de travailler treize heures au lieu de douze, et de diminuer d'autant les privations et les fatigues de sa femme et de son enfant ? Cette heure de travail que la loi supprime dans tous les ateliers de France, elle ne peut la supprimer dans tous les ateliers de l'Europe : voilà donc un règlement qui peut porter un coup funeste à l'industrie nationale, livrer le marché aux peuples voisins. Si vous dites : On prendra plus d'ouvriers, et on fera ainsi avec plus de bras le même travail ; avez-vous donc, répondrai-je, tant de bras inoccupés ? Et n'est-ce pas plus souvent le travail qui manque aux bras que les bras au travail ? D'ailleurs le métier, la machine représente un capital fixe, qui doit produire en raison de sa valeur ; il faut que le travail dont elle est le moteur ou l'auxiliaire couvre d'abord les intérêts du prix qu'elle a coûté ; le bénéfice proprement dit ne commence qu'ensuite : l'heure que vous supprimez représente peut-être à elle seule tout le bénéfice du commerce. Ce peu de mots suffit pour faire entrevoir la multiplicité des conséquences qu'entraîne un seul règlement, et le plus simple de tous.

Voici encore un autre exemple, qui a d'autant plus de force, à mon avis, que la réglementation dont il s'agit peut paraître au premier abord inspirée par le désir d'arracher certains ouvriers à la misère. L'ouvrier, dit-on, ne peut faire crédit de son temps : il faut donc lui assurer le moyen d'avoir des avances. Il existe pour cela une disposition légale : c'est l'inscription au livret, donnant au maître qui a fait l'avance les droits de créancier privilégié. Mais sait-on bien la conséquence de ce règlement en apparence favorable ? C'est de mettre l'ouvrier à la merci du patron, qui se transforme en créancier tout-puissant. Les plus grands ennemis de l'ouvrier ne pourraient lui faire plus de mal que de le livrer ainsi à la toute-puissance de l'usure. Avec un système d'emprunts trop facile, l'ouvrier qui a de pressants besoins consommera d'avance son salaire ; le maître qui lutte péniblement contre la concurrence se laissera aller à diminuer outre mesure le prix de la main-d'œuvre.

Je ne parle là que de réformes purement industrielles, qui peuvent nuire aux ouvriers et enchaîner leur liberté, mais qui du moins ne mettent pas la société tout entière en péril. Il en est autrement de ces prétentions, qui n'allaient à rien moins qu'à nier, au nom d'un intérêt mal entendu, le droit de la propriété et le droit du travail. Ainsi par exemple, quand on demandait un tarif des salaires, n'était-ce pas ôter au propriétaire la libre disposition de son capital ? Quelle différence faites-vous entre la suppression du capital et la suppression de la liberté du capitaliste ? Votre intérêt évident est d'appeler les capitaux, non pas de les gêner. Songez que le commerçant ne peut travailler à perte. Si le mouvement de la vente s'élève sans que le tarif soit changé, il sera obligé, pour rester honnête homme, pour ne pas prendre d'engagements qu'il serait hors d'état de tenir, de fermer ses ateliers et de vous mettre sur la paille. Prescrivez-vous à la police de renvoyer les étrangers pour assurer d'abord du travail aux citoyens de chaque ville ? Alors ce n'est plus la propriété que vous attaquez, c'est le droit de travailler. Si l'industrie se déplace, ce qui arrive journellement, vous n'aurez pas la ressource de porter vos bras ailleurs. Il faudra subir la loi que vous aurez faite, et mourir de faim sur place. Est-ce l'égalité des salaires qui vous tente ? Tâchez donc de décréter l'égalité des forces et des aptitudes, car, sachez-le bien, le principe fondamental de toute société humaine est celui qui dit : A chacun suivant ses œuvres. Prétendez-vous substituer partout l'association au travail salarié sous la responsabilité et la conduite d'un maître ? Rien de mieux, si vous avez assez de capitaux, si vous trouvez du crédit, si vous pouvez subir un chômage, travailler à terme et vous passer de direction. Ces conditions remplies, vous pouvez vous associer sans péril, et personne n'aura le droit d'y trouver à redire, pourvu que vous respectiez la liberté d'autrui et que vous n'entendiez pas contraindre vos voisins à vous imiter. Au contraire, est-ce une caserne qu'il vous faut, le dortoir commun, la gamelle, l'uniforme, le travail assuré et proportionné aux aptitudes ? Si vous allez jusque-là, vous détruisez la société, car elle ne peut pas vivre un seul jour sur ce modèle, et vous vous condamnez à n'être qu'un rouage flans une machine, un peu plus qu'une plante, un peu moins qu'un animal. Ainsi, quelque règlement que vous fassiez, il se tourne contre vous. Le communisme est une odieuse chimère, l'égalité des salaires une injustice, les ateliers nationaux une spoliation organisée. Quoi donc ! n'y a-t-il aucun moyen de salut ? Qui vous sauvera ? qui vous dirigera ? qui vous délivrera de vous-mêmes ? Puisque les lois préventives et les maîtres absolus ne vous apportent que ruine et malheur, essayez d'une autre méthode : tâchez d'être des hommes.

Vous savez déjà que vous avez des bras, mais apprenez que c'est là votre moindre force : Dieu vous a donné l'intelligence pour les diriger. Faites vos affaires par vous-mêmes, tirez le meilleur parti possible de vos aptitudes. C'est une fanfaronnade de dire qu'on peut tout ce qu'on veut ; mais assurément on peut beaucoup quand on sait vouloir. Ce qui fait la valeur d'un homme, c'est plutôt son intelligence que la vigueur de ses membres, et plutôt son caractère que son intelligence. Or la bonne école du caractère, c'est la liberté. Nous dépendons d'assez de choses par la faiblesse de notre nature et par les conditions de la société humaine. À cette dépendance nécessaire n'ajoutons pas une dépendance factice. Si l'observation de vous-mêmes, si l'histoire ne vous enseignent pas assez haut ces fières doctrines, jetez les yeux sur les différents états de l'Europe : voyez si la terre la plus libre n'est pas celle qui porte les meilleurs ouvriers. Elle les porte comme la bonne terre porte les fruits savoureux. L'intelligence humaine, depuis deux mille ans, a par trop abusé des lisières. Il est temps d'en finir avec ce fatal malentendu qui nous fait sans cesse chercher le progrès industriel dans une nouvelle servitude. Si les populations laborieuses n'ont pas encore atteint chez nous la position à laquelle elles doivent infailliblement parvenir, c'est que notre industrie s'est arrêtée trop tôt dans la voie des réformes libérales, c'est que les ouvriers eux-mêmes restent animés d'un esprit contraire à ces réformes, et que les vieilles idées de réglementation les dominent encore. Le remède aux maux dont nous souffrons, ce n'est pas de renoncer à la liberté du travail, c'est de l'achever.

ISBN : 978-1523302260

Jules Simon

www.ingramcontent.com/pod-product-compliance
Lightning Source LLC
Chambersburg PA
CBHW072020280526
45788CB00007B/2623